Gestion du marketing pour débutants

Comment la gestion du marketing vous permet de créer et d'établir votre marque, de développer des relations avec vos clients et d'augmenter vos ventes.

Sébastien Wahlig

CONTENU

Qu'est-ce qui vous attend dans ce livre ?

Vous êtes intéressé par la gestion du marketing, mais vous avez besoin d'un résumé des principes de base pour bien comprendre et évaluer les possibilités pour vous-même ? Alors ce guide est fait pour vous : La gestion intelligente du marketing est un outil important pour le développement de la marque et la fidélisation durable des clients.

Vous trouverez ici une introduction à la gestion du marketing et à ses principaux fondements : qu'est-ce qui se cache aujourd'hui derrière ce terme et quels sont ses objectifs ?

Vous avez certainement déjà entendu parler du fameux marketing mix, mais que recouvre-t-il exactement ? Qu'en est-il du marché existant, comment se fait la délimitation et comment développer une stratégie marketing appropriée sur la base de ces informations afin de pouvoir fidéliser durablement les clients ?

Toutes ces questions trouveront dans ce livre des réponses faciles à comprendre, qui vous aideront à avoir une vue d'ensemble des fondamentaux.

Vous recevrez également des conseils pratiques importants ainsi qu'un plan d'action en 10 étapes pour construire votre propre plan marketing.

Introduction

LA GESTION DU MARKETING AU 21E SIÈCLE

Le terme marketing signifie en allemand "Absatzwirtschaft" (économie des ventes) et englobe une multitude de stratégies et d'activités d'entreprise visant à présenter et finalement à vendre une marque, un produit ou un service à un ou plusieurs groupes cibles. La gestion du marketing a connu des changements importants au cours des 100 dernières années : Le marketing que nous connaissons aujourd'hui n'est apparu qu'à la fin du 19e siècle, car jusqu'alors, il existait encore les marchés de vendeurs bien connus. L'offre de produits était très réduite par rapport à aujourd'hui et le nombre de clients potentiels se concentrait donc sur un nombre réduit de produits parmi lesquels il fallait faire un choix. Avec l'industrialisation et la production de masse qui en a résulté, le nombre de produits a augmenté et les marchés d'acheteurs sont apparus.

> **Bon à savoir !** Sur le marché des acheteurs d'aujourd'hui, il ne s'agit même plus qu'un client achète un produit, mais le mot d'ordre est : "Achetez mes produits au lieu de ceux de mon concurrent".

OBJECTIFS

Pourquoi devriez-vous vous informer sur les mesures de marketing et les utiliser ? Tout simplement parce que, comme vous l'avez appris dans le paragraphe ci-dessus, les marchés sont aujourd'hui structurés de manière très différente et la concurrence est très forte dans la plupart des secteurs. Vous devez donc trouver un moyen d'atteindre vos clients potentiels pour les convaincre de l'intérêt de votre produit ou service.

Mais là encore, il convient de distinguer et de définir l'objectif exact de votre entreprise avant de commencer à développer une stratégie marketing. Souhaitez-vous avant tout promouvoir votre marque ou vous lancer dans la vente de produits spécifiques ?

Vous trouverez ici un aperçu des principaux objectifs de branding :

- Générer l'image d'une marque (à construire)
- Augmenter la portée et la notoriété
- Fidéliser les clients par la satisfaction et donc la fidélité à la marque
- Augmenter le taux de pénétration des acheteurs (c.-à-d. : Quel est le pourcentage d'acheteurs d'une marque par rapport à l'ensemble des acheteurs d'un groupe de produits donné).
- Augmenter le volume d'achat
- Communiquer l'expertise de la marque

En revanche, les objectifs prioritaires du marketing de vente sont les suivants :

- Provoquer davantage de ventes
- Augmenter le chiffre d'affaires et la marge bénéficiaire
- Augmenter la rentabilité
- Augmenter la part de marché
- Développer les bénéfices
- Augmenter le niveau des prix
- Étendre le niveau de distribution.

MIX MARKETING

Le marché actuel offre d'innombrables fournisseurs de produits et de services dans le monde entier.

Tous ces producteurs sont en concurrence les uns avec les autres et doivent donc différencier leurs produits de ceux des autres.

Dans ce contexte, ce que l'on appelle le marketing-mix montre différentes possibilités de procéder à une telle différenciation. Le marketing mix ting se compose des "quatre P" classiques, qui regroupent tous les domaines du marketing qui contribuent à la réalisation des objectifs.

- Product (politique de produit)
- Price (politique de prix)
- Place (politique de distribution)
- Promotion (politique de communication).

Il est particulièrement important que tous les domaines ou activités soient parfaitement coordonnés. On pourrait également dire que le marketing mix transforme des stratégies abstraites en plans concrets. Nous allons maintenant nous pencher plus en détail sur les différents instruments :

Product - Politique de produit

L'élément le plus important d'une entreprise est le produit ou le service à vendre.

Ce pilier comprend donc toutes les activités liées à ce produit. La politique de produit est donc d'une importance capitale dans le marketing mix, car elle constitue l'élément central de toute entreprise. Elle constitue également la base des autres mesures de marketing. Dans ce contexte, il est essentiel de déterminer le cycle de vie du produit et d'en tenir compte lors de la planification.

Les questions suivantes peuvent être abordées dans la politique de produit :

- Quels sont les produits à distribuer sur le marché ?
- A quoi ressemble l'emballage ?
- Est-il nécessaire de retirer un produit existant du marché ?

Price - Politique de prix

Le prix joue un rôle important dans la planification de la commercialisation, ce qui était d'ailleurs déjà le cas bien avant l'apparition du concept de marketing. Il s'agit donc ici de réfléchir à la manière dont l'entreprise souhaite construire sa tarification afin d'obtenir un juste rapport qualité/prix tout en générant un maximum de bénéfices. Les questions abordées sont les suivantes

• Quel prix dois-je attribuer à mon produit ?

• Y aura-t-il éventuellement des réductions ?

• Quelles sont les options d'expédition et de livraison disponibles ?

Place - Politique de distribution

La politique de distribution concerne les mesures qui traitent de la distribution du produit ou du service proposé. Il s'agit entre autres de déterminer

• Où le produit doit-il être vendu ?

• A quel moment ou dans quel délai ?

• Des grossistes et des détaillants interviennent-ils ou le produit est-il distribué directement au client ?

• Existe-t-il des objectifs de quantité pour la vente de ce produit ?

Promotion - Politique de communication

Il s'agit de tous les moyens utilisés pour vendre les produits et s'adresser aux clients.

Les questions élémentaires sont par exemple

• Comment et où le produit doit-il être promu ?

• Par exemple, faut-il exposer sur un salon ou faire de la publicité à la télévision ?

• A quoi peut ressembler une présence sur les médias

Maintenant que tous les domaines ont été abordés, nous aimerions clarifier pourquoi un bon marketing mix est si important. Le regroupement judicieux de toutes les mesures planifiées permet de s'adresser efficacement à un groupe cible défini et, idéalement, de le fidéliser durablement à l'entreprise.

L'efficacité des activités mises en œuvre dépend fortement des objectifs préalables, c'est pourquoi un investissement important en termes de réflexion et de stratégie en amont est payant. Le marketing mix ayant pour objectif de cibler les clients, il a donc un impact direct sur le chiffre d'affaires et les bénéfices d'une entreprise.

Marchés et acteurs du marché

INTRODUCTION À L'ÉTUDE DE MARCHÉ

Les décisions en matière de marketing nécessitent de nombreuses informations sur le marché. Il s'agit par exemple de connaître les clients, la concurrence et, bien entendu, la situation commerciale de l'entreprise.

La tâche de l'étude de marché est donc de déterminer de manière exhaustive ces informations ou, en termes scientifiques, d'étudier systématiquement une partie définie du marché. Elle est essentielle pour que chaque entreprise puisse s'établir avec succès sur le marché. L'étude de marché est un sous-domaine de l'étude marketing, à la différence essentielle que cette dernière se concentre principalement sur la situation au sein de l'entreprise et ne se limite donc pas aux marchés.

Les tâches de l'étude de marché comprennent

• L'identification d'informations complètes sur les marchés clés.

• Aide à la sélection des mesures de marketing les plus appropriées (fonction d'évaluation)

• Contribuer à l'optimisation continue de différentes mesures et à l'identification des causes d'éventuels échecs (fonction de contrôle)

• L'identification des tendances et des évolutions (fonction d'innovation)

• La détermination des risques (fonction d'alerte précoce)

• Aide à la prise de décision (fonction de réduction de l'incertitude)

• Augmentation de la formation de la volonté au sein de l'entreprise.

Types d'études de marché
En fonction de ce qui doit être étudié, on distingue les études de marché démoscopiques et écoscopiques :

L'étude de **marché démoscopique** est responsable de la collecte de données relatives aux sujets des différents acteurs du marché, telles que l'âge, le sexe, la situation familiale, le revenu ou la profession, tandis que l'**étude de marché écoscopique** étudie les données sectorielles relatives aux objets, telles que les ventes, la qualité des produits ou les prix. La base de cette dernière est la nature des marchés et comprend entre autres des facteurs tels que le nombre d'acheteurs et de fournisseurs existants.

Une autre distinction dans le domaine des études de marché est faite entre les études primaires et secondaires. Alors que dans la recherche **primaire** (Field Research), les données sont obtenues par contact direct avec les participants au marché, la **recherche secondaire** travaille avec des connaissances déjà existantes (Desk Research). Nous allons brièvement aborder les deux types :

Recherche primaire
Il s'agit d'une méthode empirique de collecte de données initiale, qui peut être réalisée une seule fois ou de manière récurrente. Comme elle est très coûteuse, elle est généralement mise en œuvre par de grands groupes ou institutions et utilise des méthodes à la fois qualitatives et quantitatives.

Les méthodes qualitatives peuvent prendre la forme d'entretiens, d'ateliers ou d'observations et s'appuient généralement sur un petit groupe de personnes qui, même s'il n'est pas représentatif de l'ensemble, offre un aperçu plus approfondi de leur processus décisionnel.

En revanche, la recherche primaire quantitative fait appel à des groupes plus importants de plusieurs milliers de personnes qui fournissent leurs informations, par exemple à l'aide de questionnaires standardisés, et créent ainsi la base d'une analyse statistique.

Les méthodes suivantes peuvent être citées à titre d'exemple :

- Enquête (écrite, téléphonique, en personne, en ligne)
- Observation (terrain, laboratoire)
- Expérience (terrain, laboratoire, magasin)
- Panel de consommateurs (documentation sur les comportements d'achat, en particulier dans le domaine des biens de consommation).

Recherche secondaire

Comme mentionné au début, la recherche secondaire travaille avec des données existantes et en tire des conclusions. Le traitement et l'interprétation de ces données externes peuvent provenir des sources suivantes :

- Bases de données

- Rapports annuels

- Statistiques officielles

- Livres et revues spécialisées

- Listes de prix

- Annuaires

- Internet

- Études

- Matériel marketing de la concurrence (par exemple, catalogues)

- Communiqués de l'association

- Publications de brevets.

Les objectifs de la recherche secondaire peuvent être de différentes natures. Par exemple, elle peut permettre de constater qu'une recherche primaire est nécessaire pour répondre à une question donnée, ou de formuler des hypothèses et d'expliquer plus en détail les problèmes à partir des données obtenues.

Cependant, il est toujours essentiel que la pertinence des données primaires par rapport à la question soit assurée et que les données soient actuelles, complètes, crédibles et exemptes de toute influence subjective.

Avantages et inconvénients de la recherche primaire et secondaire

Recherche primaire	Recherche secondaire
Avantages :	*Avantages :*
• données authentiques	• Les informations sont relativement faciles et rapides à obtenir
• actuel	• moins cher
• Exclusif	• parfois une seule source de données
• les données obtenues sont liées à une question concrète, précises et pertinentes pour la décision à prendre.	• de nombreux champs d'information possibles en ligne.

Inconvénients :	*Inconvénients :*
• coûteux en temps et en argent	• disponibilité limitée
• frais de personnel élevés	• parfois non spécifiques ou trop générales
• bonnes connaissances personnelles requises	• actualité limitée
• souvent réalisable uniquement avec une aide externe en raison de l'ampleur de la tâche.	• niveau de détail inadapté
	• non exclusif, car accessible à tous
	• peu comparables pour des sources différentes.

> **Il est bon de savoir** : Les informations issues de la recherche secondaire doivent toujours être examinées et utilisées en premier lieu, car elles sont considérées comme des données de base et facilitent l'accès à la problématique. En outre, elles contribuent à la rentabilité de l'étude de marché.

Comme vous l'avez vu ci-dessus, il y a donc de nombreux aspects à prendre en compte dans les deux méthodes de recherche . Mais pourquoi l'étude de marché est-elle si importante ? Les deux exemples suivants illustrent ce qui peut arriver si l'on ignore la situation sur les marchés de vente et si l'on ne perçoit tout simplement pas les tendances :

IBM, entreprise informatique mondialement connue, s'est longtemps concentrée exclusivement sur la production et la vente d'ordinateurs fixes (mainframes) et a réalisé bien trop tard l'évolution du marché vers les PC et les ordinateurs portables. Il s'agissait là d'une grave erreur, qui a entraîné une perte importante de bénéfices pour l'entreprise et qui aurait pu être évitée par une étude de marché appropriée.

Un deuxième exemple est celui de l'industrie automobile américaine qui, pendant plusieurs décennies, n'a produit que pour le marché national et qui, en raison du prix avantageux de l'essence, a également fabriqué presque exclusivement des voitures de grande taille avec une consommation d'essence élevée correspondante.

L'inconvénient était que ces modèles se prêtaient mal à l'exportation, ce qui a été fatal à l'industrie automobile lorsque le prix de l'essence a considérablement augmenté aux États-Unis et que les modèles japonais plus petits et plus économiques se sont mieux vendus. L'industrie automobile américaine a donc dû abandonner involontairement d'importantes parts de marché, avec pour conséquence une crise qui a laissé des traces jusqu'à aujourd'hui.

Ces deux exemples montrent clairement qu'il est vital pour toute entreprise d'observer et d'analyser en permanence l'évolution du marché et d'agir de manière durable sur la base des connaissances acquises.

DÉLIMITATION DES MARCHÉS

D'un point de vue économique, un marché est la rencontre de l'offre et de la demande ou encore le transfert de droits de disposition. Mais qu'est-ce que la définition d'un marché ? La définition d'un marché vise à déterminer le marché pertinent d'une entreprise et, dans ce contexte, à déterminer si elle occupe une position dominante, voire un monopole. Ces tâches sont généralement effectuées par les autorités de la concurrence, qui délimitent le marché à considérer en termes de **produits**, d'**espace** et **de temps**.

Pour illustrer l'importance de la définition des marchés, prenons l'exemple du producteur de bananes Chiquita : Si l'on suppose que l'entreprise vend des "fruits", sa part de marché n'est que d'environ 5 %. Cependant, si l'on considère que Chiquita ne produit que des bananes, cette part passe à environ 50 %, ce qui indique un pouvoir de marché élevé. Dans ce cas, il convient de surveiller de près la situation afin de pouvoir intervenir directement si nécessaire. Dans la pratique, il est toutefois plus probable que l'ensemble du marché des fruits soit délimité, car il est probable qu'une forte augmentation des prix détourne la demande de bananes des clients vers d'autres types de fruits. Le respect de certaines caractéristiques d'un produit joue donc également un rôle important.

Les différents types de définition de marché sont brièvement expliqués ci-dessous :

Définition du marché de produits

La définition du marché de produits est au cœur de l'étude de marché et permet de savoir quels produits et services le marché pertinent offre actuellement. On parle également ici de ce que l'on appelle le concept de marché de la demande. Le marché de l'offre à considérer comprend tous les produits et services qui sont substituables en termes de fonction, de caractéristiques et de prix par rapport aux besoins du consommateur. Il ne faut toutefois pas sous-estimer les habitudes des clients : Par exemple, les rasoirs à sec et les rasoirs à eau sont interchangeables, mais une fois qu'un client s'est habitué à un certain type de rasage et en est satisfait, il est peu probable qu'il en change.

Mais les producteurs jouent également un rôle important en matière de délimitation des marchés et de domination éventuelle des marchés. Un producteur peut toujours adapter les produits et services qu'il propose aux besoins des clients. Cependant, il est souvent nécessaire de disposer de plus d'informations pour délimiter le marché de manière objective, c'est pourquoi différents tests ont été introduits. Un test SSNIP peut par exemple contrôler les conséquences d'une faible augmentation de prix sur le comportement d'achat, appliquée sur une période prolongée. Il s'agit alors de déterminer si la clientèle se tournerait éventuellement vers un autre produit similaire.

Définition du marché géographique
L'interchangeabilité en termes de fonction et les critères de production jouent ici un rôle. Un bon exemple du premier est la production de sacs d'aspirateur pour les produits de marque les plus connus. Dans ce cas, le commerce de détail est en mesure de couvrir les besoins existants avec des producteurs de différents pays européens (critère fonctionnel). Pour les caractéristiques techniques de production, on peut prendre l'exemple des automobilistes qui souhaitent faire immatriculer leur véhicule auprès du service des automobiles compétent. Ils dépendent généralement des entreprises de marquage de plaques qui sont situées à proximité immédiate.

Délimitation du marché dans le temps

La dernière distinction, quelque peu secondaire, pour la définition du marché est la variante temporelle. Ainsi, un marché de Noël qui se tient en décembre peut être un marché pertinent sur lequel la situation concurrentielle ne changera pas, car le plus grand nombre d'entreprises ne seront actives que pendant cette période. Par conséquent, il n'est pas nécessaire de diviser les conditions de concurrence en différentes périodes.

Délimitation du marché vs. segmentation du marché

Segmenter un marché signifie d'abord l'appréhender et ensuite le diviser.

La segmentation du marché divise le marché global et examine d'autres facteurs à l'aide d'instruments de marketing adéquats. Les segmentations possibles sont par exemple les produits ou les clients, avec une distinction supplémentaire au sein de ces critères (pour les clients, par exemple, par âge, sexe ou profession). Dans le cas de la segmentation des produits, une catégorisation peut par exemple être effectuée à l'aide des données de fin d'année. La création d'un avantage concurrentiel et la prévention des effets de substitution font partie des principaux objectifs de la segmentation du marché. Lors du processus de segmentation, l'entreprise peut à nouveau s'identifier avec précision et créer une délimitation par rapport au marché global à considérer. Il s'agit également de déterminer les sous-segments de marché et d'identifier les éventuelles lacunes du marché.

Marketing Développer des stratégies et des plans

ANALYSE DE LA SITUATION DE DÉPART

Avant de planifier et de créer une stratégie de marketing, il convient de procéder à une analyse détaillée de la situation de départ actuelle. Les principaux objectifs sont de déterminer les conditions et les changements, mais aussi d'identifier les opportunités et les risques. Pour une entreprise qui veut réussir sur le marché, il est essentiel d'être parfaitement informé des conditions actuelles du marché et de la situation économique globale.

Il est également essentiel de percevoir les changements à temps pour pouvoir réagir rapidement et saisir les opportunités qui apparaissent et éviter les risques.

Le point de départ stratégique est généralement effectué dans les deux grands domaines suivants :

• Analyse de l'environnement (situation du marché, besoins des clients)

• Analyse de la situation de l'entreprise.

Environnement

L'analyse des facteurs mondiaux, c'est-à-dire le macro-environnement, comprend l'analyse des développements actuels et futurs dans les domaines de l'économie globale, de la politique, de la société, de la technologie et du droit.

L'utilisation croissante des smartphones, par exemple, est une tendance qui revêt une importance particulière pour de nombreux secteurs et qui doit être suivie de près. Après tout, les évolutions technologiques et sociales peuvent être très importantes pour de nombreuses entreprises, car elles offrent de nombreuses opportunités. Cela suppose toutefois que l'entreprise garde un œil attentif sur le marché afin d'éviter tout désavantage concurrentiel.

Par exemple, le grand fabricant d'électronique Siemens a manqué le développement de l'époque des caméras, des écrans couleur et des écrans tactiles, n'a dès lors plus pu s'imposer sur ce marché et a dû le vendre.

Situation du marché

Comme le terme l'indique, l'analyse de la situation du marché est beaucoup plus spécifique au marché concerné. Les caractéristiques fondamentales de ce marché, telles que la croissance du marché, sont essentielles dans ce contexte. Mais les changements possibles dans les besoins des clients et leur comportement sont également importants, car tous les clients du marché concerné sont étudiés, et pas seulement ceux qui existent déjà. Enfin, il est important de mentionner les concurrents, car il est essentiel de savoir qui ils sont et quels sont leurs objectifs et leurs stratégies.

Un outil populaire pour l'analyse du marché est l'analyse structurelle du secteur de Porter, qui analyse l'attractivité d'un secteur au moyen de 5 forces concurrentielles et renseigne sur les caractéristiques structurelles d'un secteur donné.

L'analyse de la concurrence est également importante. Il s'agit de déterminer les forces et les faiblesses des concurrents directs et indirects par rapport à votre entreprise. L'objectif est de définir les avantages concurrentiels.

D'autres possibilités d'analyse du secteur d'activité sont l'estimation de la taille du marché, ses possibilités de croissance et la phase actuelle du cycle de vie du secteur. L'environnement plus large peut être examiné plus en détail à l'aide d'une analyse dite STEP. L'analyse STEP décrit les développements actuels de l'environnement macro-économique au moyen de 4 dimensions :

- Influences socioculturelles
- Influences économiques
- Influences technologiques
- Influences politiques et réglementaires.

Besoins des clients

En plus des développements dans l'environnement plus large et de la structure du secteur, il est très important de se concentrer sur les tendances dans le secteur lui-même. Les exigences du marché doivent être identifiées et les besoins des clients doivent être examinés. Sans clients, une entreprise ne peut pas survivre, c'est pourquoi il est indispensable de s'aligner sur le demandeur et de construire son entreprise "client centric".

Le modèle des phases de la vie permet d'identifier et d'étudier les premiers domaines de clients ayant des besoins identiques ou similaires. Il s'agit d'une étape essentielle pour comprendre les attentes et les souhaits des clients et pour pouvoir agir de manière "client centric".

La customer centricity est donc également très importante pour la stratégie de l'entreprise. Dans le processus stratégique ultérieur, la compréhension des besoins des clients peut également être très importante, par exemple lorsqu'il est utile de concevoir une structure organisationnelle encore plus orientée vers le client dans le cadre de la mise en œuvre de la stratégie.

Modèle des étapes de la vie
Enfance→ Formation→ Entrée dans la vie active → Fonder une famille→ S'établir dans la profession→ Consolider sa carrière→ Age de la retraite→ Décès

Le profil d'opportunités et de menaces est un bon moyen de consolider les principaux résultats de l'analyse de l'environnement. Par la suite, ceux-ci peuvent être évalués plus en profondeur, par exemple dans une analyse SWOT, conjointement avec les conclusions de l'analyse de l'entreprise.

Une vision prospective est un excellent moyen de résumer les tendances clés du marché. Il indique la direction que le marché est susceptible de prendre sur une période donnée (par exemple 3 ou 8 ans). Elle inclut les principaux messages des domaines de développement concernés (par exemple, la santé ou la numérisation) et fournit un résumé concis et plausible de la phase d'analyse. Cette vision définit le cadre du processus stratégique suivant.

Cas d'utilisation : Création d'une vision d'avenir avec des tendances pour le marché de la santé en Suisse

Une grande compagnie d'assurance s'est donné pour mission d'élaborer un processus stratégique. Dans le cadre de l'analyse de la situation de départ, une vision d'avenir a été élaborée. Certains fragments de l'analyse de l'environnement étaient déjà disponibles, provenant à la fois de sources internes et externes.

La première chose à faire était de les rassembler. Les facteurs suivants ont joué un rôle dans notre exemple de marché de la santé en Suisse :

- médecine personnalisée
- spécialisation croissante
- Besoins des clients
- Numérisation
- une réglementation renforcée.

La deuxième étape consistait à trouver et à compléter les éléments manquants, ce qui a donné lieu à un atelier. Les éléments de la vision d'avenir ont été discutés et adaptés par l'équipe stratégique.

Avec la vision du futur, tous les participants étaient d'accord sur les tendances et les changements du marché qui seraient importants pour l'entreprise d'assurance. Pour toutes les étapes suivantes du développement de la stratégie, il est essentiel de se concentrer sur les développements les plus importants, car la vision d'avenir fournit déjà une documentation détaillée sur les développements dans l'environnement de l'entreprise.

Enfin, 10 conditions stratégiques ont été déduites de la vision d'avenir, qui ont à leur tour montré les besoins d'action auxquels l'entreprise devra faire face dans les prochaines années. En outre, des hypothèses sur le futur modèle d'entreprise ont été présentées :

Marché : le marché de la santé est fortement influencé par la consolidation dans le secteur hospitalier et par les nouvelles offres et idées commerciales dans le secteur ambulatoire.

Les besoins des clients : Les exigences et les souhaits des demandeurs varient en fonction de la phase de vie, du groupe auquel ils appartiennent et d'autres facteurs.

Environnement : la sensibilisation croissante à l'environnement fait que les solutions de produits durables et écologiques sont de plus en plus populaires dans pratiquement tous les secteurs.

Situation de l'entreprise

Cette analyse interne de l'entreprise a lieu lors de la deuxième étape de l'analyse initiale. Contrairement à l'analyse de l'environnement, les caractéristiques internes de l'entreprise doivent être examinées et évaluées avec précision. L'objectif est d'identifier les forces et les faiblesses. L'utilisation de différentes méthodes, telles que l'étude du cycle de vie des produits, l'analyse SWOT ou l'analyse comparative, est également essentielle pour une évaluation réaliste.

Analyse des compétences et des ressources

Un examen des compétences ou des capacités de l'entreprise révèle les points forts et les points faibles de chacun. Il est toujours lié à la fonction et vise à identifier les compétences qui sont essentielles au modèle d'entreprise.

En revanche, l'analyse des ressources n'est pas liée à la fonction et se base sur les 4 caractéristiques suivantes :

- Non-impossibilité
- Non-substituabilité
- Spécificité de l'entreprise
- Capacité à générer de la valeur pour le client.

Il est particulièrement important de définir ce que l'on appelle les compétences clés, car les compétences et les ressources stratégiquement importantes pour une entreprise jouent un rôle central. Les compétences clés créent les bases suivantes :

- Ils contribuent de manière significative à la valeur ajoutée pour le client.
- Elles sont individuelles et difficiles à imiter.
- Ils peuvent être transférés vers de nouveaux débouchés et produits.

Analyse de votre propre compétitivité

Rappelez-vous maintenant de l'analyse de l'environnement. Nous avons déjà analysé la situation du marché et l'environnement concurrentiel. Maintenant, dans le cadre de l'analyse d'entreprise, il est temps de regarder de près votre propre compétitivité en comparant vos forces et vos faiblesses avec celles des entreprises concurrentes . Les questions suivantes peuvent être utiles à cet égard :

• Mon organisation a-t-elle des points forts qui peuvent constituer des obstacles à l'entrée de la concurrence ou des points faibles qui réduisent l'efficacité de ces obstacles ?

• Quelles sont les forces et les faiblesses qui influencent mon pouvoir de négociation avec les clients et les fournisseurs ?

• Quels sont les points forts et les points faibles de la taille de mon entreprise par rapport à la concurrence ?

Analyse du cycle de vie du produit
Il existe deux façons d'envisager le cycle de vie des produits pour l'analyse stratégique d'entreprise :

• Politique de produits et de programmes

• Exigences relatives aux domaines fonctionnels.

L'analyse du cycle de vie des produits permet de déterminer et de discuter la composition et la structure optimales de la gamme.

Les différentes phases du cycle de vie d'un produit exigent des compositions différentes dans les domaines fonctionnels. Ainsi, ce concept nous fournit divers points de repère pour les thèmes spécifiques aux phases de lancement, de croissance, de maturité, de saturation et d'évolution possible d'un produit.

Analyse de la structure de l'entreprise

L'examen de la structure de l'entreprise est également un point essentiel. En fonction de la ou des stratégies qui seront déterminées lors du processus stratégique ultérieur, des modifications de la structure organisationnelle peuvent s'avérer importantes. Par conséquent, les avantages, les inconvénients et les points douloureux de la structure actuelle doivent être pris en compte dès la phase d'analyse.

Analyse de la culture d'entreprise

Cette analyse révèle les valeurs essentielles qui soustendent le comportement de l'entreprise et de ses collaborateurs et répond à des questions qui seront essentielles pour la suite du processus stratégique (par exemple, si une option stratégique peut être compatible avec la culture organisationnelle).

Toutes les conclusions de l'analyse de l'entreprise sont intégrées dans un profil forces/faiblesses et doivent donc être examinées plus en détail dans le cadre d'une analyse SWOT, en même temps que les résultats de l'analyse de l'environnement.

L'analyse de l'entreprise et les résultats de l'analyse de l'environnement constituent désormais une base pour d'autres réflexions stratégiques.

SÉLECTION DE STRATÉGIES APPROPRIÉES

Sur la base de l'analyse de la situation de départ, il est maintenant possible de répondre aux questions clés suivantes :

- **Quoi,** c'est-à-dire : Quels sont les objectifs de la stratégie ?
- **Auprès de qui ?** Qui est/sont mon/mes groupe(s) cible(s) ?
- **Jusqu'à quand ?**

Dans le détail, ces questions peuvent alors être formulées comme suit :

• Quelles sont vos priorités en ce qui concerne les différents secteurs du marché ? Il est important d'identifier les secteurs sur lesquels vous souhaitez vous concentrer, en particulier si vous disposez d'un budget important.

• Quelle part des ressources marketing existantes doit être allouée aux clients existants et quelle part aux nouveaux clients ?

• Quels objectifs doivent être atteints et à quelle date ? Des critères tels que l'image de l'entreprise, la satisfaction des clients ou les services proposés jouent ici un rôle.

• Quel est le timing pour atteindre les objectifs liés à la réussite sur le marché (par exemple, le nombre de clients ou la fréquence moyenne d'achat) ?

• Quels sont les objectifs économiques du marketing qui nous importent et qui doivent être réalisés (chiffre d'affaires et bénéfices) ?

Ces questions stratégiques de base sur le positionnement de l'entreprise dans l'environnement concurrentiel et sur les avantages pour le client peuvent être posées dans le cadre de la sélection de la stratégie :

• Quels avantages notre entreprise peut-elle offrir aux demandeurs ? Il convient de distinguer l'avantage de base de l'avantage supplémentaire : L'avantage de base comprend l'aspect central de la performance qui est attendu, par exemple la fonction de transport d'une voiture. L'avantage supplémentaire est complémentaire et particulièrement important dans le domaine des produits concurrents similaires. Dans ce cas, on essaie souvent de créer un avantage psychologique supplémentaire au moyen de la publicité et de rendre le produit souhaitable, par exemple l'aspect particulièrement beau de la voiture ou le gain de prestige attendu.

D'autres types d'avantages sont par exemple l'avantage économique (prix avantageux, utile pour faire des économies), l'avantage lié au processus (achat et utilisation faciles, facile à comprendre, manipulation simple, pas de temps d'attente, etc.), l'avantage émotionnel/social (tendances, porteur d'avenir, connaissance du secteur, etc.)

• Quels avantages notre organisation cherche-t-elle à obtenir par rapport à la concurrence ?
Cette question est essentielle pour la mise en œuvre d'une stratégie de compétitivité.

Il s'agit d'une partie de la stratégie marketing qui traite du comportement stratégique lié au client sur le marché des ventes. Les stratégies concurrentielles les plus suivies sont la domination par les coûts (c'est-à-dire les prix les plus bas du secteur), la différenciation (par exemple, de très bonnes relations avec les clients, de meilleurs produits, etc. en bref, l'organisation se distingue par une performance particulière) et la stratégie de niche (spécialisation dans une niche où le nombre de clients est relativement faible, mais souvent assez exigeante, c'est la voie suivie par le constructeur de voitures de sport Porsche, par exemple).

Questions stratégiques sur l'orientation de l'innovation

Quel niveau d'orientation vers l'innovation souhaitons-nous atteindre dans notre organisation ? Pour ce faire, il existe les types de stratégie suivants :

• **Defender** : L'orientation vers l'innovation est faible, cela se produit souvent dans les stratégies de niche.

• **Analyzer** : L'orientation vers l'innovation est moyenne et la prise de risque n'est pas particulièrement élevée. En revanche, les opportunités de réussite sont soigneusement analysées.

• **Prospector** : L'orientation vers l'innovation est élevée. La recherche de nouvelles opportunités est permanente et active. La prise de risque qui en découle est élevée.

Dans quelle mesure faut-il mettre l'accent sur le développement de nouveaux produits et la conquête de nouveaux marchés ? Il existe 4 types de stratégies :

• **Pénétration du marché** : Le degré d'innovation est faible. L'organisation se concentre sur les produits existants sur les marchés développés. Néanmoins, l'innovation reste possible.

• **Développement de produits** : développement, révision ou perfectionnement de produits proposés sur des marchés existants. L'ajout de services aux produits (valeur ajoutée) doit également être considéré comme une partie de ce processus. Ainsi, l'offre de services actuelle peut être élargie (extension de gamme) ou même remplacée (substitution de produit).

• **Développement du marché** : les produits existants doivent être distribués sur un nouveau marché. Il peut s'agir d'espaces géographiques, d'autres canaux de distribution ou de nouveaux groupes cibles.

• **Diversification** : le degré d'innovation est ici le plus élevé, c'est-à-dire que des produits nouvellement développés sont proposés sur des marchés qui n'ont pas été abordés jusqu'à présent.

Questions stratégiques sur la gestion de la relation client

Comment l'entreprise peut-elle s'assurer de la fidélité de ses clients ? Il convient de faire une distinction :

• **Liens contractuels** : Le client est lié à l'entreprise par un contrat. Il s'agit souvent d'un contrat à durée déterminée ou d'un contrat de quantité.

• **Lien technico-fonctionnel** : un produit donné ne peut être utilisé qu'avec un autre produit de l'entreprise concernée (par exemple, Nespresso ne peut être préparé qu'avec la machine à café prévue à cet effet).

• **L'attachement psychologique** : Il s'agit de facteurs tels que la satisfaction du client, certaines habitudes ou l'attachement à une marque (par exemple, la famille a toujours conduit des VW). L'attachement psychologique d'un client peut être renforcé ou encouragé par les mesures suivantes : un service client de qualité et rapide, un traitement accommodant des réclamations, des offres spéciales personnalisées, des programmes de bonus, des rabais de quantité et de fidélité, etc.

• **L'engagement économique** : Il peut s'agir, par exemple, d'une récompense offerte au client ou du fait qu'il ne serait pas économique pour le demandeur de changer de fournisseur. Un bon exemple est le forfait mensuel dans les salles de sport.

Comment peut-on soutenir l'achat de grandes quantités ou éviter l'achat de petites quantités ? Une possibilité consiste à utiliser des suppléments pour petites quantités, c'est-à-dire que pour les petites commandes, le supplément doit être fixé de telle sorte qu'il couvre les coûts des matériaux et assure en outre un bénéfice minimum.

**Questions stratégiques sur le comportement
concurrentiel et coopératif :**

• **Comportement concurrentiel menaçant :** Dans
le domaine de la politique des prix, il s'agit par exemple
d'une politique de prix bas sans compromis et fortement vantée. Dans la politique de communication, des
dépenses publicitaires élevées entraînent une grande
portée et donc un grand nombre de clients. Cela constitue une barrière importante à l'entrée sur le marché.
Dans le cadre de la politique de distribution, un
contrôle important des canaux de distribution fait partie des comportements concurrentiels menaçants. En
matière de politique de produits, un large portefeuille
de produits implique un effort plus important pour les
imitateurs. Enfin, il convient d'aborder la gestion des
relations avec la clientèle : Dans ce domaine, l'exis-
tence d'une très grande fidélité peut dissuader les concurrents.

• **comportement de coopération :** Par exemple, une
entreprise peut collaborer avec un concurrent pour
créer certains créneaux d'entrée sur le marché pour
d'autres concurrents. Une autre possibilité consiste à
créer un accès mutuel au savoir-faire et à d'autres ressources (témoignages, options publicitaires, relations).

• Les synergies en termes de chiffre d'affaires font également partie des comportements de coopération, par exemple l'intermédiation avec commission ou la vente croisée (en français : vente croisée, c'est-à-dire l'utilisation d'une relation client existante pour la vente de produits ou de services complémentaires). Ces types de coopération avec des entreprises concurrentes peuvent être très avantageux, en particulier pour les petits budgets.

Questions stratégiques sur la structure fondamentale du marketing mix :
• Dans quelle mesure les différents segments de clientèle doivent-ils être différenciés dans le traitement ?

• Le traitement des clients doit-il être standardisé ou spécifique à un segment ?

• Quel positionnement de prix (bas, moyen, élevé) adopter ? Les entreprises qui souhaitent pénétrer un nouveau marché cherchent souvent à obtenir temporairement un rapport qualité-prix exceptionnellement bas.

• Quel est le budget marketing à prévoir et comment le répartir entre les différents outils marketing ?

En résumé, la stratégie choisie doit toujours répondre aux 4 critères suivants :

• Il est essentiel que la stratégie marketing soit compatible avec la stratégie d'entreprise et qu'il n'y ait pas de contradictions entre les mesures et les objectifs.

• La stratégie a besoin d'informations suffisantes comme base.

• La signification du contenu de la stratégie marketing doit être précise et appropriée.

• La faisabilité doit être réaliste en ce qui concerne les ressources disponibles et les réactions possibles de la concurrence.

Exemple pratique

L'exemple suivant montre à quoi pourrait ressembler l'élaboration d'une stratégie marketing globale et efficace dans la pratique :

Une entreprise récemment créée vend des vêtements de plein air et de loisirs conçus . Les ventes sont effectuées dans des magasins d'une petite ville et sur la boutique en ligne de l'entreprise. La création d'une stratégie marketing pourrait se présenter comme suit :

Analyse SWOT de la situation de départ

• Il n'y a pas de magasins à proximité qui proposent des produits similaires (= opportunité).

- Il existe une grande concurrence (= risque) dans le commerce en ligne.
- Un atout individuel est le design propre (= force).
- Il n'y a pas encore de client (= faiblesse).

Objectif
- Une base de clients doit être constituée, tant pour le commerce en magasin que pour le commerce en ligne (le nombre de clients doit être défini comme un objectif).
- La marque doit être établie.
- Le chiffre d'affaires de la première année d'exercice doit être planifié.

Prise de décision pour les différentes mesures
- Une identité visuelle doit être développée (définition des couleurs de l'entreprise, développement d'un logo, définition d'univers visuels, etc.)
- Une action de bons d'achat doit être organisée à l'occasion de la réouverture (à la fois en ligne et par le biais de flyers distribués au niveau régional).
- Un événement sportif doit être sponsorisé dans la ville.
- Un blog sur le thème des activités de plein air doit être créé. Les textes utilisés doivent être adaptés au référencement et il doit y avoir un lien pour s'inscrire

à la newsletter dans le cadre du marketing par e-mail.

• Une communauté doit être créée sur les plates-formes de médias sociaux (Facebook, Instagram, etc.).

• Des coopérations d'affiliation dans le domaine de l'outdoor sont en cours de planification.

Mesure de la réussite

• L'évolution du nombre de clients doit être suivie en permanence, notamment en ce qui concerne les différentes stratégies marketing.

• Les deux canaux de vente nécessitent une surveillance constante (en ligne et hors ligne).

• Dans le cadre du contrôle des coûts, il s'agit d'examiner quelles stratégies marketing sont rentables et lesquelles ne le sont pas.

CONSEILS POUR UNE STRATÉGIE MARKETING EFFICACE

Bien entendu, un choix judicieux et l'association de plusieurs stratégies partielles sont importants pour le succès du marketing dans l'entreprise. Cependant, d'autres aspects entrent également en ligne de compte. Soyez donc particulièrement attentif à ces points :

Gardez toujours un œil sur votre public cible
Réfléchissez à la stratégie marketing qui vous permettra d'atteindre au mieux vos clients. Par exemple, une clientèle hétérogène dans un marché très concurrentiel peut être mieux ciblée par le guérilla marketing ou le marketing événementiel. En revanche, les différentes mesures de marketing en ligne conviennent mieux aux groupes cibles qui sont très attachés à Internet et aux achats en ligne.

Pensez à mesurer vos résultats
Le succès d'une stratégie marketing ne peut être mesuré que par un contrôle récurrent des résultats. Ce n'est qu'à ce moment-là que l'on peut voir si les mesures appliquées en valent la peine ou si l'on devrait plutôt investir dans d'autres méthodes. L'un des avantages du marketing en ligne est que la mesure du succès peut y être assistée par des outils appropriés.

Combinez les stratégies en ligne et hors ligne

Une bonne complémentarité entre les stratégies marketing en ligne et hors ligne peut s'avérer payante. Par exemple, si une journée portes ouvertes a lieu, il faut la partager sur les médias sociaux. Vous pouvez ainsi combiner le marketing événementiel avec le marketing des médias sociaux.

Utilisez un système CRM

CRM est l'abréviation de Customer Relationship Management (gestion de la relation client) et est un logiciel permettant de gérer et de représenter la gestion des clients. Il aide les entreprises à conserver une vue d'ensemble de leurs relations clients et ouvre la voie à un service amélioré et à des stratégies marketing personnalisées.

Inclure les ressources existantes

Chaque stratégie marketing a un coût différent. Par conséquent, lors de la planification, tenez compte des ressources déjà disponibles et réfléchissez à la manière de les utiliser efficacement et de manière rentable.

Révisez régulièrement votre stratégie et adaptez-la si nécessaire

Les entreprises et les marchés de vente sont en constante évolution. Il est donc important de revoir régulièrement la stratégie marketing appliquée et de procéder aux ajustements nécessaires.

> **Important !** Une stratégie marketing n'attirera votre clientèle que si elle peut offrir une valeur ajoutée. Il peut s'agir de différentes choses, comme des informations, du divertissement ou un sentiment de communauté.

Fidéliser les clients

LES BASES DE LA CONSTRUCTION D'UNE MARQUE

La construction d'une marque dans le cadre de la gestion de la marque est à la fois un défi et un défi passionnant. Le défi n'est pas mince, mais avec une structure de base bien pensée, des processus optimaux, la disponibilité des ressources nécessaires et la prise en compte des meilleures pratiques et des facteurs de réussite, les entreprises de toutes tailles peuvent réussir à développer leur marque.

Qu'est-ce que le développement de la marque ?
La construction d'une marque consiste à planifier, organiser, mettre en œuvre et contrôler toutes les actions concernées d'une entreprise dans le but de créer une représentation émotionnelle clairement différenciée

du client associée à une entreprise ou à un produit.

Construire une marque n'est pas synonyme de publicité ou de distribution. Construire une marque implique bien plus que de la promouvoir ou de la distribuer. Sur ce dernier point, il convient même de mentionner que de nombreuses marques ont déjà été détruites par des commerciaux ou des directeurs commerciaux, car trop de remises ou de baisses de prix signifient la mort d'une marque bien connue et éprouvée. Bien sûr, une marque a également besoin de médias, de multiplicateurs et d'une communication structurée avec les clients, mais dans le secteur B2B en particulier, la publicité est loin de faire tout.

Vision, engagement, mise en œuvre - trois caractéristiques clés de la construction d'une marque. Une vision claire est nécessaire pour développer une marque. Ce n'est qu'ainsi que les collaborateurs peuvent être entraînés et que les outils adéquats peuvent être utilisés. C'est pourquoi il est également essentiel d'ancrer la réflexion sur la marque au sein de la direction , car c'est là que naissent les visions et les stratégies. Ensuite, il faut s'adresser aux employés pour qu'ils soutiennent cette vision de la marque et qu'ils s'y engagent dans leur ensemble. La troisième étape consiste à choisir les canaux de communication et de distribution appropriés afin de développer et d'établir la marque.

Pourquoi le développement de la marque est-il si important ?

Les marques présentent un avantage fondamental, tant pour leurs propriétaires que pour les entreprises : En tant qu'**outil de communication,** elles sont importantes pour le fonctionnement efficace d'une entreprise, tant pour le marketing interne que pour le marketing externe.

Les marques sont un **moteur de rentabilité** : plusieurs études scientifiques montrent que la valeur de la marque (réputation) obtenue par la communication de masse a un impact particulièrement positif sur la rentabilité des entreprises étudiées.

En conclusion, la valeur de l'entreprise peut être augmentée grâce à une marque.

Mais les marques créent également une **identité**. Elles sont adaptées et constituent une fonction identitaire pour les clients ou les groupes sociaux. La marque permet à la clientèle de se différencier ou de démontrer une appartenance en utilisant la marque. Il s'agit d'une fonction sociale qui peut être atteinte par l'émotion suscitée par la marque.

Les marques contribuent à l'identification.
Sur des marchés très concurrentiels, où l'on est souvent dépassé par la diversité des produits proposés, elles peuvent être un phare et offrir une orientation. La marque offre une valeur de reconnaissance, crée de la confiance et facilite ainsi la décision d'achat du demandeur. Ce principe s'applique aussi bien au marketing d'entreprise (B2B) qu'au marketing grand public (B2C).

Les marques promettent la qualité. Une marque implique toujours une déclaration verbale ou non verbale sur la qualité du produit. C'est pourquoi il est extrêmement important de discuter de la conception de la qualité de l'entreprise avant de construire la marque. Quelle promesse voulons-nous faire avec notre marque ? Quelles sont les attentes des clients qui doivent être satisfaites ou non par nos produits et services ?

Les marques sont la base de l'innovation. Pour les marques fortes et établies, il est beaucoup plus facile d'introduire des innovations sur le marché. Les marques déjà existantes ont l'avantage de bénéficier d'un avantage de confiance et d'un paysage d'innovation existant. Il en résulte que les nouveaux produits peuvent être introduits avec beaucoup moins d'efforts et qu'ils rencontrent une situation de marché préparée.

Les marques ancrent la fidélité des clients

Les marques offrent des possibilités de fidéliser les clients à long terme. Les clients qui ont trouvé le chemin d'une marque et qui restent par satisfaction sont rentables pour l'organisation et assurent le modèle commercial. Cela augmente la valeur du client et, à long terme, la valeur de l'entreprise. Certes, des investissements parfois importants sont nécessaires au départ lors de la création d'une marque, mais si la marque est bien gérée, ils sont rentabilisés et les revenus générés par la marque dépassent largement les investissements initiaux.

Les marques sont synonymes de pouvoir de négociation

Lors des négociations, les marques fortes peuvent offrir un avantage concurrentiel et générer des revenus supplémentaires.

Quel est le bon moment pour se lancer dans la création d'une marque ?

Une marque ne se construit pas sur un coup de tête. Nous avons déjà expliqué en détail qu'il faut un concept bien pensé et une mise en œuvre judicieuse. Mais il existe également trois points de départ différents pour déterminer le moment opportun :

Start-ups : Bien sûr, il est évident qu'en tant que

start-up, vous devez réfléchir à la manière dont vous souhaitez construire vos marques. Mais est-ce vraiment le cas ? Dans la phase de création, la diversité des tâches à accomplir, l'incertitude générale au début, la situation de la distribution et la pression financière peuvent représenter une charge excessive. Les questions relatives à la gestion de la marque sont alors souvent reléguées au second plan. Pourtant, c'est précisément au cours de cette phase initiale délicate qu'il convient de clarifier des questions importantes :

• Que doit représenter notre marque ?

• Quelle performance et quels avantages promettons-nous ?

• Quel est le public cible intéressant ?

• Quel est notre degré de reconnaissance ?

Il est conseillé de faire appel à une aide extérieure pour ce faire. Même si la marge de manœuvre financière est limitée pendant la phase de démarrage, un conseiller en marques peut apporter une aide précieuse dans ce processus et réduire ainsi la courbe d'apprentissage.

Lancement d'un nouveau produit
Dans la gestion des produits, il est souvent nécessaire de mettre en avant un produit et de le spécifier dans le

contexte global de l'entreprise. Il est particulièrement utile de réfléchir au profilage d'une marque chaque fois que des nouveaux produits sont lancés et qu'ils se situent en marge de la courbe de performance. A l'ère de la transformation numérique, de nombreuses entreprises changent de direction et s'aventurent dans de nouveaux domaines d'activité et de nouveaux marchés. Le cas échéant, le développement de la marque peut alors donner accès à de nouveaux clients potentiels, à d'autres interlocuteurs ou à de nouveaux secteurs d'activité. La décision de lancer un nouveau produit ou une marque entière n'est pas facile à prendre. Les alternatives envisageables doivent être étudiées avec une aide externe, car souvent seul un partenaire professionnel externe possède le recul nécessaire pour évaluer rationnellement une décision aussi élémentaire.

Du fabricant de produits à l'entreprise de marque

Dans le secteur B2B en particulier, il arrive souvent qu'après un certain temps, on passe du statut de simple fabricant de produits à celui d'entreprise orientée vers la distribution, puis à celui d'entreprise de marque. En particulier à l'ère de la numérisation, de nombreuses entreprises doivent réfléchir à la manière de se différencier de la concurrence et de se détacher d'une simple considération des produits.

La transformation en entreprise de marque peut donc être un facteur de différenciation et ouvrir de nouvelles opportunités. Ce n'est alors pas seulement la fabrication et le produit qui en résulte qui sont au centre, mais l'intérêt des clients. Considérez l'adoption d'une perspective client comme une solution. Celle-ci, combinée à un positionnement en tant qu'expert dans le domaine concerné, offre de grandes opportunités de croissance et de meilleures possibilités de revenus que la simple focalisation sur le produit. Les entreprises B2B devraient faire appel à une aide extérieure pour cette transformation, afin d'apprendre à voir les limites dans la pratique et les nouvelles façons de penser.

QUELLES SONT LES PRINCIPALES ÉTAPES DE LA CONSTRUCTION D'UNE MARQUE ?

Pour s'assurer que le développement de la marque est structuré, la procédure suivante doit être appliquée :

Analyse du positionnement actuel de la marque
Une étape fondamentale du processus de création d'une marque est l'évaluation et l'analyse du positionnement donné sur le marché. Il existe toujours un

sentiment ou une perception de la position de la marque au sein de l'entreprise et parmi les employés.

Cette perception de soi peut toutefois différer de la perception externe d'une entreprise, car des secteurs tels que l'administration, les ventes, le marketing et la production ont souvent des points de vue très différents sur la position de l'entreprise et sur sa propre marque. Malheureusement, dans la pratique, il n'existe pas d'études ou de rapports solides sur la perception externe. De nombreuses entreprises du secteur B2B manquent d'une approche fiable de la customer centricity et donc d'informations sur leur positionnement actuel sur le marché.

Analyse du marché de vente et de la situation concurrentielle

Dans quel marché évoluons-nous réellement ? Qui sont mes concurrents ? Quelle sera l'approche des clients en matière de produits et de solutions ? Étant donné que la vision externe est un défi, en particulier dans un contexte international, il vaut la peine de faire appel à un partenaire externe ou à une société de conseil afin de garantir une vision objective. Avant tout, les questions relatives à la position concurrentielle et aux exigences des clients doivent être abordées par le biais d'une analyse de marché. Bien entendu, les résultats de l'analyse de marché réalisée dans le cadre de l'élaboration d'une stratégie marketing peuvent également être utilisés, à condition qu'ils soient réalisés à une date proche.

Analyse de la structure de la clientèle

L'identification précise des structures de clients potentiels est une étape tout aussi importante dans la construction d'une marque. C'est le pouvoir d'une marque que d'atteindre le groupe cible concerné, de générer des interactions et, en fin de compte, d'augmenter les ventes. Au sein de cette base de clients, les marques aident à définir un profil, à se différencier et à trouver leur place auprès des clients.

Bien entendu, toutes les marques ne sont pas faites pour tout le monde. Il est donc judicieux de se rapprocher des demandeurs par le biais d'insights clients et de voir quels sont leurs souhaits et leurs exigences par rapport à la gamme de produits et à l'environnement de la marque. Sans ces insights clients, il est en principe impossible de construire une marque de manière efficace.

Construire le positionnement de la marque

Sur la base de l'analyse du marché et de la structure de la clientèle, il est maintenant temps de développer le positionnement de la marque. Celui-ci doit indiquer comment l'entreprise ou la marque doit agir actuellement et à l'avenir dans l'environnement des clients, de la concurrence et des différentes exigences de performance. Le positionnement de la marque doit générer une valeur ajoutée pour l'entreprise et ses clients.

Cadre juridique

Lors de la création judicieuse et irréprochable d'une marque, il convient également de veiller à ce qu'elle bénéficie d'une protection juridique optimale. Il existe différentes approches : Une marque peut être protégée en tant que marque verbale ou en tant que marque verbale et figurative.

La protection de la marque verbale est la plus large possible, car elle protège toute orthographe, police de caractères, taille de caractères, majuscules ou minuscules. Malheureusement, il est souvent impossible d'obtenir la protection d'une marque verbale. C'est notamment le cas lorsque le nom de la marque contient des mots familiers qui ne peuvent pas être enregistrés.

En revanche, une marque verbale et figurative se réfère à une configuration graphique spécifique. Cela signifie que l'évaluation du risque de confusion avec d'autres marques ne tient pas seulement compte de l'élément verbal, mais également des éléments graphiques utilisés. Par conséquent, il peut arriver qu'une marque préexistante soit contrefaite parce que des polices de caractères identiques ou des graphismes similaires sont utilisés. L'enregistrement d'une marque se fait en principe auprès de l'Office des marques et des brevets à Munich. Si la marque doit être protégée à l'échelle européenne, elle est enregistrée auprès de l'Office européen des marques et des brevets à Alicante, en Espagne.

LA COURBE DE L'OFFRE ET DE LA DEMANDE

Pour pouvoir construire une offre de marché, il est nécessaire d'avoir quelques notions de base sur l'offre et la demande. Examinons ici la courbe de l'offre et de la demande et découvrons le lien mathématique entre l'offre, la demande et le prix.

Courbe de l'offre

L'offre décrit la quantité d'un bien proposé à la vente par différents vendeurs sur le marché. La loi de l'offre dit ceci : Si le prix augmente, la quantité offerte augmente en conséquence et vice versa.

La relation positive entre la quantité et le prix est traduite par la fonction d'offre en une formule mathématique . La courbe d'offre montre alors la relation mathématique sous forme graphique dans un diagramme prix-quantité, qui permet de voir quel est le prix d'un produit pour une quantité donnée offerte.

Important ! La somme de toutes les quantités offertes sur un marché de vente est appelée l'offre agrégée du marché.

Un bon exemple est le marché aux poissons. Supposons qu'il n'y ait que 2 étals, chacun vendant 4 poissons. Si des facteurs externes modifient la situation du marché, par exemple en réduisant les stocks de poissons, l'offre changera indépendamment du prix offert. L'offre augmente ou diminue, ce qui entraîne un déplacement de la courbe globale vers la droite ou vers la gauche.

En combinaison avec la fonction de demande, l'équilibre du marché est déterminé.

En principe, on part d'abord du principe que seul le prix détermine la quantité de l'offre. Mais il est également possible que l'offre soit réduite ou augmentée par une évolution de la situation du marché. Mais qu'est-ce qui provoque exactement cette modification de la quantité offerte, si ce n'est le prix ? Ce sont donc des facteurs externes qui doivent modifier cette situation de marché. Il existe 5 facteurs qui peuvent déplacer la courbe de l'offre. Parmi eux, une augmentation de l'offre entraîne un déplacement vers la droite, tandis qu'une diminution entraîne un déplacement vers la gauche.

Le prix des **facteurs de production** pertinents joue également un rôle important. Par exemple, si le prix des filets de pêche à l'achat augmente, l'offre diminue (décalage vers la gauche). En revanche, si le prix du pétrole brut baisse, moins d'argent est nécessaire pour faire fonctionner les bateaux de pêche, de sorte que l'offre peut augmenter (décalage vers la droite).

Ensuite, jetons un coup d'œil à l'évolution de l'**environnement concurrentiel** : Si le nombre de concurrents augmente, l'offre générale subira une augmentation. Une augmentation soudaine provenant de l'environnement entraîne donc une augmentation de la quantité sans changement de prix (déplacement vers la droite). Une autre situation envisageable serait que de nombreux concurrents soient contraints de fermer leur magasin pour cause d'insolvabilité, de sorte qu'il ne reste plus que quelques concurrents. Dans ce cas, l'offre est réduite (décalage vers la gauche).

Quel est le rôle **des taxes et des subventions** dans la situation de l'offre ? Par exemple, si l'entreprise de pêche est subventionnée, elle dispose de plus d'argent et peut pêcher plus de poisson et le mettre sur le marché pour le consommateur (décalage vers la droite). En revanche, si l'entreprise doit payer plus d'impôts, l'effet est inverse (déplacement vers la gauche).

Qu'en est-il de certaines **attentes** ? Si l'on s'attend à un boom de la demande de poisson, par exemple parce qu'il est considéré comme très sain en ce moment, on fera logiquement tout ce qui est en son pouvoir pour exploiter sa production et en produire le plus possible (décalage vers la droite). En revanche, une mauvaise anticipation de l'avenir entraînera une réduction du volume de production (décalage vers la gauche).

Courbe de la demande

La demande est l'intention des demandeurs d'acheter un produit ou un service. Selon la loi de la demande, le prix détermine le niveau de la demande. Normalement, une baisse de prix entraîne une augmentation de la demande : par exemple, si le prix d'une brique de lait a diminué de moitié, les gens achèteront plus de lait. Comme pour la fonction d'offre, la fonction de demande traduit ce contexte de prix et de quantité de demande en une formule mathématique. La courbe de demande est donc une représentation graphique de cette fonction. Là où la courbe de demande croise l'axe des x, il y a **saturation du marché**, ce qui est la quantité demandée à un prix nul. Le **prix prohibitif**, quant à lui, décrit un prix auquel plus personne n'achètera le produit et la quantité demandée sera donc nulle.

> **Important !** La somme des quantités demandées par tous les acteurs du marché est définie comme la quantité demandée agrégée.
>
> Exemple : Si 2 amis vont faire leurs courses ensemble et souhaitent acheter chacun 2 boîtes de lait, sans qu'il y ait d'autres clients dans le magasin, la quantité agrégée demandée est égale à 4. En combinaison avec la courbe d'offre, il est possible de déterminer le prix d'équilibre et l'équilibre du marché.

Fonction de demande inverse

La relation entre la quantité demandée et le prix est inverse, c'est-à-dire qu'elle est inversée. Le fait que le prix dépend d'une part de la quantité demandée est représenté par la courbe de demande classique. Par exemple, pour un achat de 5 briques de lait, le prix est de 3 euros. Mais on pourrait aussi reformuler cela : Si le prix est de 3 euros, on est prêt à acheter 5 briques de lait. Cette relation bilatérale revient à échanger les axes x et y, ce qui donne la fonction de demande inverse.

Déplacement de la courbe de la demande

La quantité demandée ne dépend pas toujours uniquement du prix. Dans certains cas, la demande peut elle-même augmenter ou diminuer, sans aucun lien avec le prix et uniquement en raison de divers facteurs externes qui entraînent une modification de la situation du marché.

On parle alors de déplacement parallèle de la courbe de demande. Une augmentation de la quantité demandée provoque un déplacement parallèle vers la droite.

Différents facteurs peuvent être à l'origine d'un déplacement de la fonction de demande. Ils peuvent être classés en 4 catégories :

• Les consommateurs modifient leurs goûts ou leurs **préférences.** Par exemple, s'il peut être prouvé que la consommation de poisson contribue à une meilleure santé, la demande de poisson augmentera (déplacement vers la droite).

• Un autre facteur d'influence est le **nombre de consommateurs**. La croissance constante de la population en Chine, par exemple, entraîne une augmentation de la demande agrégée du marché (déplacement vers la droite).

•

• Le **prix d'autres biens influence** la demande. On distingue ici les compléments et les substituts. Par exemple, pour les céréales, le lait est un bien complémentaire. Si la demande de céréales augmente, on peut s'attendre à ce que la quantité de lait demandée augmente également (déplacement vers la droite). Le lait de soja, par exemple, peut être un substitut du lait. Si le prix relatif de ce produit diminue, il est probable que les Kun achètent plus de lait de soja et, en contrepartie, économisent sur le lait de vache (déplacement vers la gauche).

• Le revenu des clients ne doit pas être négligé. Si le revenu diminue alors que le prix du produit reste inchangé, le consommateur aura moins de moyens. Par conséquent, la demande diminuera (déplacement vers la gauche).

De la théorie à la pratique

le marketing et les ventes. Ils sont souvent mentionnés dans le même souffle, ce qui laisse supposer une parfaite complémentarité - tout comme le café et le gâteau. Dans la pratique, la relation entre les deux évoque plutôt l'eau et l'huile.

Pour de nombreuses raisons, les idées des équipes de vente et de marketing peuvent aller dans des directions très différentes. Il est utile de se pencher sur les causes afin de pouvoir résoudre ces problèmes. Les termes doivent être définis de part et d'autre et la place du marketing et des ventes dans le parcours client doit être clairement déterminée. Plus rien ne devrait alors s'opposer à une collaboration harmonieuse. Après tout, les deux parties ont pour objectif commun de générer davantage de leads (c'est-à-dire un contact qualifié avec un prospect) et de revenus.

Dans ce chapitre, nous nous proposons de donner 5 idées qui devraient aider toutes les entreprises à mieux coordonner leurs actions marketing et commerciales. Elles comprennent un mélange d'approches philosophiques et techniques qui devraient conduire à une meilleure compréhension des opérations.

Conseil n° 1 : établissez des définitions communes.

Il s'agit de l'une des plus grandes différences entre le marketing et les ventes et elle provient de compréhensions divergentes de ce qui constitue ou non un lead approprié.

Les responsables marketing se préoccupent souvent trop de la quantité de prospects et moins de leur qualité, car ils ressentent une certaine pression de la part de la direction commerciale pour présenter le plus grand nombre de prospects possible à . En conséquence, les commerciaux se plaignent que les prospects fournis ne répondent pas aux exigences nécessaires et sont donc de mauvaise qualité. Cela se traduit par un faible taux de conclusion pour les commerciaux. En revanche, si le marketing et les ventes peuvent définir clairement à l'avance ce qu'est un lead qualifié, de nombreux problèmes de ce type peuvent être évités.

Une bonne façon d'y parvenir est d'organiser une réunion de vente et de marketing où, en collaboration, on donne vie à des concepts pertinents (par exemple : lead, lead qualifié et lead hautement qualifié). Mais comment parvenir à ces conclusions ? Pour cela, il faut d'abord rassembler et convertir les caractéristiques typiques des leads. Essayez de créer des listes de contrôle qui peuvent être suivies dans un système CRM, par exemple. Chaque lead doit répondre à un minimum d'éléments de qualification pour pouvoir passer à l'étape suivante du cycle de vente.

Conseil n° 2 : utilisez les données de vente.

Une fois qu'un accord a été trouvé sur la définition d'un prospect qualifié, des efforts supplémentaires sont nécessaires pour améliorer la qualité du prospect afin d'obtenir un potentiel de vente satisfaisant. Dans le cadre d'une enquête menée par la B2B Technology Marketing Community, 61% des responsables marketing ont cité le manque de qualité des leads comme principal obstacle à la réussite. Cet obstacle est compréhensible. Après tout, les clients disposent aujourd'hui d'un choix beaucoup plus large et de sources d'information plus nombreuses que jamais.

Cet avantage peut et doit bien entendu être exploité par les équipes de marketing et de vente. Commencez donc par un mélange sain et clairement défini de données démographiques (par exemple, quelles sont les principales professions ou fonctions exercées par les acheteurs du groupe cible) et de données comportementales (par exemple, quelle campagne publicitaire ou quel encart génère le plus de conversions) qui doivent être intégrées dans le processus d'évaluation des prospects. En attribuant les ventes conclues à une campagne spécifique dans un système d'automatisation des ventes, les rapports peuvent montrer quel ciblage et quel message marketing fournissent les leads les plus qualifiés. En associant d'autres sources de données et les médias sociaux aux enregistrements de leads, vous disposez d'une méthode solide de qualification des leads. Le marketing et les ventes doivent être conscients que la qualité a souvent un prix - dans ce contexte, moins de leads, ce qui demande un peu de courage. Cependant, avec un ciblage précis, il est également plus facile et plus efficace de réaliser les objectifs de vente fixés. Au final, c'est une situation gagnant-gagnant : le pipeline des ventes est nettoyé et les vendeurs peuvent se concentrer sur le traitement des leads réellement qualifiés.

Conseil n° 3 : créez une intégration entre les outils de marketing et de vente.
Logique - devrait-on penser. Mais malheureusement, de nombreuses entreprises continuent d'agir de manière trop isolée lorsqu'il s'agit de déployer et de gérer des systèmes de marketing et de vente.

Par exemple, il suffit souvent d'acheter des listes d'enregistrements et de les bombarder d'e-mails. Les réponses sont ensuite rapidement transmises au service commercial. Bien entendu, cette méthode simple peut également générer des ventes, mais il existe une meilleure solution : Grâce à un système de vente et de marketing intégré, le processus de génération de leads est beaucoup plus différencié. Dans ce cas, plusieurs logiciels peuvent être utilisés simultanément.

Les mécanismes de notation et de nurturing (c'est-à-dire le fait d'attirer les clients potentiels au bon moment avec des informations pertinentes) permettent aux entreprises d'automatiser le processus de transmission des leads qualifiés au service commercial. Les commerciaux peuvent ainsi consacrer toute leur énergie aux prospects les plus susceptibles de conclure un achat.

Conseil n° 4 : obtenez les meilleures pratiques (c'est-à-dire les méthodes éprouvées ou exemplaires) grâce à des processus de travail optimaux et intelligents.
Les contacts qualifiés peuvent passer à travers les mailles du filet, même avec un système intégré d'automatisation du marketing et des ventes.

Bien qu'une méthode d'évaluation puisse déclencher automatiquement l'envoi de prospects aux commerciaux, il est possible que les prospects soient mal mesurés par les outils de vente ou qu'ils ne soient pas suffisamment traités par les commerciaux. Si l'on ne veut pas que les contacts "chauds" refroidissent, le statut des leads doit être correctement suivi et des contrôles doivent être assurés. C'est la seule façon d'assurer un suivi en temps voulu par les commerciaux et de devancer la concurrence.

Un flux de travail moderne dans le processus d'acheminement et de gestion des nouveaux contacts au sein d'un système CRM peut déjà remédier à cette situation. Par exemple, ce flux de travail peut surveiller diverses actions - ou leur absence - lorsqu'elles sont transmises à un commercial particulier et, si elles ne sont pas traitées dans un délai spécifique, les transmettre à un collègue moins occupé. Cette méthode permet d'augmenter le potentiel de conversion des prospects en acheteurs et assure au client acquis une expérience d'achat positive et sans faille.

Conseil n° 5 : obtenez une vision globale de vos clients.

La mauvaise nouvelle est que les systèmes de CRM et de marketing ne peuvent pas enregistrer tous les comportements des clients. La bonne nouvelle est qu'il existe une multitude de données clients dans d'autres systèmes qui peuvent être utilisées pour améliorer les performances de l'entreprise. Par exemple, les systèmes ERP (Enterprise Ressource Planning) et de facturation contiennent des informations sur les transactions qui peuvent être évaluées et intégrées aux données marketing et commerciales.

Il est donc beaucoup plus facile de cibler les clients à fort potentiel. Les données issues des canaux de médias sociaux fournissent également souvent des informations supplémentaires sur les préférences et les comportements du groupe cible. Dans tous les cas, il convient de vérifier plusieurs sources internes et externes. Cela permet de s'assurer que les données de contact sont exemptes d'erreurs, ce qui optimise encore l'efficacité des campagnes publicitaires.

Résumé

Aujourd'hui, le monde des affaires est diversifié et exigeant. Cela a changé la donne en matière de marketing. Les prospects effectuent davantage de recherches et s'informent avant de contacter les commerciaux. La création de systèmes transparents, l'adoption d'une vision inconditionnelle du client et l'utilisation optimale des nombreuses données disponibles sur les clients ou sur ceux qui sont appelés à le devenir peuvent favoriser une collaboration harmonieuse entre le marketing et les ventes. Au final, les contacts avec les clients sont de meilleure qualité et les échanges internes sont plus productifs, avec des taux de conclusion plus élevés. Aujourd'hui, nous avons la chance de disposer de technologies avancées et peu coûteuses pour soutenir cet effort. En fin de compte, chaque entreprise a le pouvoir de créer un pont stable entre le marketing et les ventes en choisissant un logiciel flexible.

ET MAINTENANT VOUS : VOTRE PLAN MARKETING EN 10 ÉTAPES

Le marketing peut parfois être un labyrinthe. Il y a tant de possibilités et de façons d'arriver au succès.

Mais cette diversité peut aussi être une source de stress, surtout si vous débutez. C'est pourquoi nous souhaitons conclure ce guide en vous proposant 10 étapes simples pour créer un plan marketing pratique.

Étape 1 : Définissez votre groupe cible et comprenez son problème.

La base la plus importante pour une commercialisation réussie d'un produit est la connaissance précise du groupe cible, la connaissance de ses souhaits, problèmes ou défis. Une délimitation aussi précise que possible de ces personnes permet de les cibler avec précision.

Étape 2 : Déterminez votre USP.

Pourquoi votre public cible devrait-il choisir votre produit plutôt que celui de la concurrence ? Quel est votre pourquoi ? Quelles sont les convictions de votre entreprise et ce qu'elle représente ?

De nos jours, de plus en plus de prospects s'informent sur le message et les valeurs d'une organisation et évaluent si ceux-ci correspondent aux leurs.

Votre entreprise a donc besoin d'une motivation claire pour expliquer pourquoi un prospect bien informé devrait choisir votre bien. Dans tous les cas, une réponse claire doit être trouvée. Cette réponse claire est appelée USP (Unique Selling Proposition) dans l'environnement du marketing et désigne en français une caractéristique unique de vente, c'est-à-dire quelque chose que seule votre entreprise peut offrir ou qui distingue vos offres.

Étape 3 : Développer l'enthousiasme des clients. L'objectif de cette étape est de **trouver** une définition précise des avantages pour les clients. Comment construisez-vous exactement votre offre pour susciter l'enthousiasme de vos clients et, idéalement, pour dépasser leurs attentes ? Voici quelques principes pour une expérience client exceptionnelle :

- La satisfaction des clients ne doit pas être le fruit du hasard, mais d'une planification précise.

- Utilisez des composants sociaux positifs.

- Donnez à vos clients un sentiment de contrôle.

Étape 4 : Formulez la promesse et la garantie. Il s'agit ici de présenter au client ce qui a été défini au préalable. Tout ce qui a été noté et décidé précédemment doit maintenant être "emballé" de manière attrayante et convaincante afin que vos clients puissent développer leur confiance.

Étape 5 : Créez une offre irrésistible pour commencer.

La mise en œuvre des 4 premières étapes vous donne maintenant une base importante pour vos activités de marketing. L'étape 5 a pour but de réduire la réticence de vos clients à établir une première relation commerciale avec votre entreprise.

Il s'agit donc de convaincre les prospects d'une offre spécifique et alléchante. L'acquisition de nouveaux clients absorbe généralement la plus grande partie du budget marketing, ce qui est justifié lorsqu'il existe un concept marketing qui fonctionne.

Étape 6 : Mettre le contenu dans les bons mots.

Maintenant que vous êtes arrivé à ce stade, vous avez réfléchi à votre vision et à vos USP, à ce que vous voulez promettre à vos clients et à l'offre de départ qui semble la plus convaincante.

Tout cela doit maintenant être traduit en textes publicitaires clairs et de qualité, car rien n'est plus difficile pour vos clients de choisir votre offre que des textes ennuyeux et difficiles à comprendre, même si l'offre elle-même est bonne. Ainsi, quelle que soit la manière dont vous souhaitez commercialiser vos produits , les textes utilisés feront la différence entre le succès et l'échec.

Étape 7 : Définir un ordre dans le processus de marketing.

Il s'agit de définir comment et où il est possible de s'adresser au mieux au groupe cible pertinent et de le convertir, étape par étape, du premier contact en un client régulier rentable. Avant d'acheter un produit, chaque client passe par différentes étapes, qui peuvent varier légèrement selon le secteur d'activité.

Le terme technique utilisé en marketing est "funnel", c'est-à-dire "entonnoir". On peut donc s'imaginer qu'un prospect est introduit par le haut dans l'entonnoir et qu'il en ressort par le bas en tant que client. Malheureusement, dans la réalité, toutes les personnes introduites en haut ne ressortent pas en bas en tant que clients réels. Cela est dû au fait que le "funnel" comporte des trous par lesquels des prospects potentiels peuvent tomber à chaque étape. L'objectif principal doit donc être de combler ces trous de la meilleure façon possible tout en faisant entrer autant de nouveaux prospects que possible dans l'entonnoir.

Étape 8 : Définir les canaux de communication avec les clients.

L'étape 7 a permis de définir les différentes étapes du processus de marketing. L'étape 8 doit maintenant déterminer les moyens par lesquels les acheteurs potentiels peuvent passer d'une étape à l'autre. Il est important de déterminer quels sont les canaux de distribution les plus efficaces, où le groupe cible est bien représenté et quels sont les canaux qui correspondent le mieux à votre entreprise et à vos offres de produits. Par exemple, ne vantez pas les mérites des rollators pour seniors sur TikTok, un site de vidéos très populaire auprès des adolescents. Concentrez-vous sur les canaux choisis plutôt que d'en essayer autant que possible.

Étape 9 : Développer la compréhension des chiffres.

Avant d'appliquer ce que vous avez appris, il est essentiel de bien comprendre vos chiffres.

De nombreuses personnes s'intéressent de près au marketing, mais perdent de vue les chiffres. Pour comprendre le marketing et calculer son succès, il est nécessaire de faire des calculs judicieux. Ce n'est qu'en connaissant vos chiffres que vous pourrez juger si vos activités marketing sont utiles ou si elles doivent être améliorées. En bref, le succès du marketing passe nécessairement par la compréhension des chiffres.

Étape 10 : Trouvez des partenaires solides.
Il est temps de vous féliciter. Vous avez posé à ce stade les bases pour établir des partenariats dans le domaine du marketing, car de bonnes coopérations sont essentielles à votre succès. Dans de nombreux secteurs, elles font partie de la normalité et représentent un avantage pour toutes les parties impliquées. C'est notamment le cas lorsque plusieurs entreprises s'adressent au même groupe cible et proposent des produits similaires.

Conclusion : voici votre plan marketing
Comme vous pouvez le constater, il peut aussi être facile de mettre en place une stratégie marketing viable. Il n'est pas nécessaire de lire de gros livres ou d'être diplômé. Le bon sens peut créer beaucoup de choses, surtout si l'on considère que les étapes d'un concept marketing sont très similaires dans tous les secteurs.

Sebastian Wahlig 2021

1ère édition

Contact : Psiana eCom UG/ Berumer Str. 44/ 26844 Jemgum

Conception de la couverture : Fenna Larsson

Photo de couverture : depositphotos.com